Gisela Bendt

Ferien mit Hallifax

make a book

Nachdruck oder Vervielfältigungen, auch auszugsweise,
bedürfen der schriftlichen Zustimmung des Verlags.

ISBN 3-939119-43-1

© 2006 by Verlag make a book, Neukirchen
M. Böhme • Osterdeich 52 • 25927 Neukirchen
Tel.: 04664- 9839902 • Fax: 04664 - 635
eMail: mb@make-a-book.de
http://make-a-book.de

Alle Rechte liegen bei der Autorin

Gesamtherstellung:	make a book, Neukirchen
Photos:	Gisela Bendt
Umschlagentwurf:	Gisela Bendt
Umschlaggestaltung:	Helmuth Kratz, Niebüll
Seitenlayout:	Michael Böhme, Neukirchen

Bibliografische Information Der Deutschen Bibliothek
Die Deutsche Bibliothek verzeichnet diese Publikation in der Deutschen Nationalbibliografie; detaillierte bibliografische Daten sind im Internet über *http://dnb.ddb.de* abrufbar.
Bibliographic information published by Die Deutsche Bibliothek
Die Deutsche Bibliothek lists this publication in the Deutsche Nationalbibliografie; detailed bibliographic data are available in the Internet at *http://dnb.ddb.de*.

Vorwort

Hallo Kinder,
ich möchte mich erst einmal vorstellen. Mein Name ist Hallifax und ich komme vom Planeten Saga, um auf Eurer Erde neue Geschichten und Märchen zu sammeln. Diese Märchen brauche ich, weil auf meinem Planeten das Fernsehen abgeschafft wurde. Das viele Fernsehen führte nämlich unter unserer Bevölkerung zu großer Aggressivität und Vereinsamung. Auf der Erde lernte ich Fridolin und seinen Hund Fido kennen, mit ihnen kann ich mich telepathisch verständigen. Sie helfen mir bei der Suche nach neuen Geschichten und machten mich auch mit dem Jugendrotkreuz bekannt. Für die Mitarbeit bei diesem Buch möchte ich mich deshalb auch im Namen meiner Autorin Gisela Bendt bei den Kindern des Jugendrotkreuzes Mettmann und Heuchelheim recht herzlich für ihre supermegagalaktischen Einfälle bedanken. Außerdem den Kindern Juli Schleßier, Johanna Klesse und Katharina Wulf für ihre Geschichten, die sie mir geschickt haben. Wenn Ihr auch Ideen oder Geschichten für mich habt, könnt Ihr Sie an Gisela Bendt, Magdeburger Str.19, 40822 Mettmann, schicken oder per E-mail hallifax27@aol.com.
Herzliche Grüße
Hallifax

Fridolin steht am Fenster und schaut missmutig den Regentropfen nach, die an den Fensterscheiben herunterperlen.
»So ein Mistwetter«, murmelt er vor sich hin und stampft mit dem Fuß auf den Boden »und das nennt man Sommerferien! Stefan, (Fridolins bester Freund) hat es gut, er ist mit seinen Eltern nach Mallorca geflogen. Eigentlich könnte es so schön sein. Keine Lehrerin mehr, die nicht begreift, dass man im Sommer lieber schwimmen geht, anstatt das 1x1 zu lernen. Aber jetzt, wo ich endlich frei habe, da regnet es. Es ist zum Verrücktwerden!«
Fido, sein kleiner Dackel, hat sich wie eine Kugel zusammengerollt und schläft. Ab und zu hört man ihn leise bellen, weil er mal wieder träumt. Vermutlich jagt er im Traum Hasen oder seiner Katzenfreundin Minka hinterher. Fridolin zieht den Stuhl zum Fenster, setzt sich

darauf, legt seinen Kopf auf seine Arme, die er auf dem Fensterbrett aufgestützt hat. Dann träumt er vor sich hin.

An solchen Tagen wie heute, an denen er mit sich selbst nichts anzufangen weiß, denkt er am liebsten an Hallifax. Seinen kleinen außerirdischen Freund, der eines Tages mit seinem Raumschiff vom Planeten Saga kam, und hier bei ihm auf der Erde landete, um für seinen Planeten Märchen und Geschichten zu sammeln. Auf Saga hatte man nämlich das Fernsehen abgeschafft, weil es unter der Bevölkerung zu Gewalt und Lieblosigkeit führte. Ab dieser Zeit wurden dort nur noch Märchen und Geschichten erzählt, über deren Bedeutung man sich anschließend ausführlich unterhielt.

Mit ihm wäre es jetzt garantiert nicht langweilig. Man könnte sich jede Menge Geschichten erzählen. Er würde ihm auch von seiner Freundin Julia erzählen.

Das war auch so ein Knaller gewesen, der einem die Ferien vermiesen konnte. Julchen, wie sie alle nannten, wohnte bis vor kurzem in der Nachbarschaft und war mit 8 Jahren etwas älter als er. Ihr Hund Elfie und sein Fido waren sehr große Freunde, denn Elfie war ein schönes Hundemädchen, in das Fido ganz verliebt war. Einen etwas älteren Bruder, den Franz, hatte sie auch noch. Also, Julchen lebte in einem alten Bauernhaus, welches in einem schönen Park stand. Ganz früher waren dort alles Felder und Wiesen, aber als der Bauer alt wurde, verkaufte er sie, weil er keine Kraft mehr für die schwere Arbeit auf den Feldern hatte. Irgendwann war eben Julchens Familie in dieses Haus gezogen.

Es war kurz vor den Osterferien, als sie weinend zu Fridolin gerannt kam. Die Tränen rannen ihr nur so über das Gesicht und mit schniefender Nase brachte sie aufgelöst hervor:
»Stell dir vor Fridolin, wir ziehen hier weg und das Haus wird verkauft. Meine Eltern haben sich schon ein neues in Buxtehude ausgesucht!«
»Mensch, du machst doch Quatsch Julchen!? Man kann uns doch nicht einfach trennen! Denkt denn keiner an uns beide? Außerdem Buxtehude? Wo ist Buxtehude? Hab ich noch nie gehört! Überhaupt, ein blöder Name für eine Stadt«, schrie Fridolin aufgebracht heraus.
»Hast Recht Fridolin, wirklich ein komischer Name. Aber mein Papa hat mir auf der Landkarte gezeigt wo der Ort liegt. Ganz, ganz weit weg von hier. Fast an der Nordsee. Ob die auch so sprechen wie wir hier? Was meinst du Fridolin?«

»Weiß ich auch nicht Julchen. Na bestimmt nicht bayrisch. Sicher dieses komische Deutsch, was wir in der Schule sprechen und schreiben müssen! Wann zieht ihr denn überhaupt weg?«
»Sobald es Ferien gibt. Ich soll nicht so viel von der Schule verpassen. Ach weißt du, nicht nur dich, sondern auch meine Häschen werde ich ganz doll vermissen. Du weißt doch, die die unter dem Brombeerstrauch wohnen. Am liebsten würde ich sie einfangen und mitnehmen!«
Julchen kullerten bei diesem Gedanken, dass sie Abschied von ihnen nehmen musste, direkt wieder ein paar dicke Tränen die Wangen herunter.
»Aber Julchen, das sind doch wilde Kaninchen, die kann man doch nicht einfach mitnehmen. Außerdem sind sie voller Flöhe und leben

nun mal in kleinen Höhlen. Überlege doch nur einmal was Elfie mit denen machen würde!«, grinste Fridolin bei der Vorstellung wie Elfie hinter den Häschen herjagen würde.

»Ist ja schon gut, war nur so ein schöner Traum von mir. Aber du schreibst mir, was aus ihnen geworden ist. Nicht wahr, das machst du doch? Ich könnte die ganze Zeit heulen, weil wir wegziehen müssen!«, schnäuzte Julchen in ihr Taschentuch.

Ja, denkt Fridolin, das war die Geschichte von Julchen. Mit ihr hätte ich jetzt gut spielen können. Wir haben uns schon ein paar Briefe geschickt, nachdem sie sich am ersten Tag in den Osterferien unter Tränen von mir verabschiedet hatte. Zum Abschied hat Julchen mir noch eine Geschichte geschenkt, damit ich immer an sie denken soll, sie heißt:

Der Hase im Brombeerstrauch
Von Julia Schleßier, 8 Jahre

Es war einmal vor zwei oder drei Jahren ein alter Bauernhof. Dieser Bauernhof hatte einen Brombeerstrauch. Auch hatte er vier Bewohner, diese hießen Sara, das war die Tochter, Max, das war der Sohn, Heidi, das waren die Mutter und Thomas, der Vater. Wenn die Kinder nichts anderes zu tun hatten, lasen sie Geschichten oder gingen hinaus auf den Hof oder auf die Wiese und guckten in den Brombeerstrauch, ob nicht ihr Freund der Hase da wäre. Tatsächlich, eines Tages war er wieder da. Sie spielten mit ihm, aber er war viel schneller als sie. Lief immer wieder weg und schwupps war er unter den

Brombeerstrauch geschlüpft und nicht mehr zu sehen. Da rief auch schon die Mutter, dass die Kinder zum Essen kommen sollten.

Eines Tages erhielten sie die Nachricht von der Mutter, dass sie nach Buxtehude ziehen müssen. Die Kinder waren sehr traurig und fragten sich, was aus dem Hasen werden würde? Aber Mutter hatte eine Idee. Sie wollten den Hasen mit einem Schuhkarton einfangen und ihn dann mit nach Buxtehude nehmen. Als es soweit war, gelang ihnen dieser Plan. Nachdem sie sich von allen Freunden und Bekannten verabschiedet hatten, fuhren sie mit ihrem Hasen vom Brombeerstrauch nach Buxtehude.

– Ja, Julchen hatte ihren Traum in eine Geschichte verwandelt und Fridolin las sie oft; immer wenn er Sehnsucht nach Julchen hatte. –

Kaum war sie mit ihrer Familie weggezogen, baute ein Kinderzirkus auf der großen Wiese, neben dem Haus wo Julchen gewohnt hatte, sein Zelt auf. Es war ein außergewöhnlicher Zirkus. Keine Raubtiere, Pferde, Kamele wie sonst. Aber dafür durften alle Kinder aus dem Dorf mitspielen. Jeden Tag dachten sie sich neue Spiele aus. Mal verkleideten sie sich selbst als Tiere. Die Kinder mussten immer gegenseitig erraten welches Tier gerade in der Manege vorgeführt wurde. Andere waren Clowns oder Seiltänzer. Ihnen fielen jeden Tag neue lustige Sachen ein, so dass es ihnen in den Osterferien keinen Tag langweilig war und sie viel Spaß hatten.

Als die Ferien vorbei waren und endlich wieder Ruhe in dem Park einkehrte, konnte Julchens Häschen wieder in Ruhe über die Wiese hüpfen. Da entdeckte Fridolin, dass es nicht alleine war. Das Kanin-

chen hatte Junge bekommen. Es kam mit ihren kleinen Winzlingen ganz vorsichtig unter dem Brombeerstrauch hervor, in dem sie sich vor den großen Hunden sicher fühlten. Jetzt konnten sie in aller Ruhe Gras fressen. Das hatten sie auch bitter nötig, denn sie sahen sehr sehr abgemagert aus.
Fridolin konnte Julchen eine Menge Neues berichten und mit Hilfe seiner Mutter schrieb er ihr folgendes nach Buxtehude:
Eines Abends landete auf der großen Wiese, mit lautem Zischen, ein riesiger, großer, roter Heißluftballon. In einem Korb, der unter dem Ballon befestigt war, waren etliche Leute. Na das gab vielleicht ein Aufsehen. Von allen Seiten kamen aufgeregte Menschen gelaufen. Selbst die Polizei raste mit Blaulicht heran, als ob sie Verbrecher jagen würden. Mensch, war das eine Aufregung und ein Spaß. Das

musste man auf jeden Fall gesehen haben. So etwas passiert wirklich nicht jeden Tag hier im Dorf. Als die Leute die Luft aus dem Ballon gelassen hatten, wurde er mit dem Korb auf einen großen Lastwagen verladen und weggefahren. Tja, seither war nichts Außergewöhnliches passiert, außer dass Julchens Kaninchen immer größer wurden.
An all diese Erlebnisse denkt Fridolin mit einem tiefen Seufzer, als er aus dem Fenster schaut. Er nimmt sich fest vor, alles Hallifax zu erzählen, wenn dieser ihn endlich einmal wieder besucht.

Ein paar Tage sind vergangen. Das Wetter ist schöner geworden und Fridolin hilft seinen Eltern und Großeltern beim Heu machen. Während sie es schneiden, wenden und einfahren tobt Fridolin mit Fido durchs Heu, dass es nur so herumwirbelt. Ein Teil des Heus wird nicht zu festen Ballen gepresst, weil die große Maschine nicht den steilen Berghang hinauf kommt. So müssen die Eltern und Großeltern dieses kleine Feld noch mit der Sense abmähen. Das lose Heu kommt in eine Ecke auf dem Heuboden. Dieser Platz ist die beliebte Kuschelecke für Fridolin und Fido.

Nach dem Mittagessen verziehen sich beide wieder in die Scheune und träumen vor sich hin, bis sie etwas sonderbar geweckt werden. Etwas kitzelt Beide unter der Nase. Fridolin reibt sie sich und will den Strohhalm zu Seite schieben. Fido niest vor sich hin und rudert mit den Hinterläufen um aufzuspringen. Aber es kitzelt immer weiter. Fridolin reißt mit Gewalt seine verschlafenen Augen auf, weil er

glaubt, dass irgendjemand sie ärgern will. Aber er sieht keinen Menschen. Nur Fido dreht mal wieder durch, der führt sich ganz verrückt auf. Dreht sich im Kreis, als wenn er sich in den Schwanz beißen will. Die Töne jaulen und winseln, jeder Hundefreund kennt den Unterschied, nehmen kein Ende, und Fridolin kommt ein wahnsinniger Gedanke.
– Wenn keiner zu sehen ist und merkwürdige Dinge geschehen, außerdem Fido kurz vorm Durchdrehen ist, das kann nur bedeuten....! Fridolin flüstert es andächtig und leise und ein Strahlen geht über sein Gesicht:
»Mensch Hallifax, bist du wieder da!? Fido hat dich mal wieder verraten!«

Fridolin hat diese Worte noch nicht ganz ausgesprochen, da steht Hallifax in seiner vollen Größe vor ihnen.

»Hallifax, das ist aber superaffenstark, dass du wieder hier bist. Ich habe wirklich jeden Tag mit Fido ganz fest an dich gedacht und gehofft, dass du bald kommst. Hast du vielleicht meine Gedanken gehört?« Fridolin umarmt Hallifax ganz doll. »Du bist wirklich gerade zur richtigen Zeit gekommen, denn jetzt habe ich viel Zeit, weil wir Ferien haben. Nun kann ich jeden Tage mit dir etwas unternehmen.« Fridolins Mund steht keinen Augenblick still. Am liebsten möchte er Hallifax alles auf einmal erzählen.

Der lacht über das ganze Gesicht, als er ihn reden hört:

»Da staunt ihr beiden, dass ich schon wieder bei euch bin? Ich finde es supermegagalaktisch von dir, dass du so viel Zeit für mich hast.

Ich werde dieses Mal wieder eine Weile bei euch bleiben können, denn meine Leute fanden die Geschichten und Märchen von der Erde am besten und meinten, ich soll noch jede Menge davon mitbringen. Sie sind schon mächtig neugierig. Ich will dieses Mal auch euren Bauernhof richtig kennen lernen, denn unsere Ältesten möchten, dass ich ihnen alles ganz ausführlich berichte, wie es hier bei euch auf der Erde aussieht. Du wolltest mir doch auch das Jugendrotkreuz zeigen und erklären, was das ist. Meine Leute waren sehr erstaunt, wie anders das Leben hier ist, als bei uns auf Saga und waren sehr neugierig was ich ihnen alles von der Erde berichten konnte.«
Hallifax ist genauso aufgeregt wie Fridolin über das Wiedersehen. Er will gar nicht mit Reden aufhören und Fido fiept nun auch ganz

aufgeregt dazwischen, wobei er seinen Mund auf und zu klappt, was wirklich zu komisch aussieht.

»Ja Fido, zu deinen Hundefreunden, die als Spürhunde oder Lawinenhunde ausgebildet werden, wollen wir auch mal hingehen. Das ist sicher genauso aufregend«, übersetzt Hallifax die Reden von Fido, so dass Fridolin es auch verstehen kann.

»Lass uns etwas in die Sonne gehen, wir können uns ja zusammen auf die große Wiese legen. Weißt du, wir hatten in den letzten Tagen sehr viel Regen und waren die ganze Zeit immer in der Scheune oder in meinem Zimmer«, berichtet Fridolin.

So laufen die drei Freunde, nachdem sich Hallifax wieder unsichtbar gemacht hat, über den Hof und Fido läßt es sich nicht nehmen, die aufgeregt gackernden Hühner durch die Gegend zu jagen, wel-

ches eine seiner Lieblingsbeschäftigungen ist. Sie suchen sich die große Blumenwiese am Waldrand aus, die etwas abseits vom Weg liegt. Hier macht sich Hallifax wieder sichtbar. Sie legen sich ins Gras, und erzählen einander, was sie in der letzten Zeit erlebt haben. Bis Hallifax auf eine kleine Mäuseschar aufmerksam wird, die in der Nähe des Feldwegs sitzen.
»Fridolin, siehst du die kleinen Wesen, die dort sitzen? Die sehen aber sonderbar aus. Solche habe ich ja überhaupt noch nicht gesehen«, stellt Hallifax neugierig fest.
Fido hebt seine Nase, schnüffelt aufgeregt und will gleich durchstarten, aber Hallifax gibt ihm zu verstehen, dass er sich diese Lebewesen gerne einmal ansehen möchte. Komisch, Hallifax kann Fido

sagen was er will, er ist sofort friedlich, setzt sich wieder hin und verhält sich ruhig.

Fridolin reckt seinen Hals und sieht in die Richtung, in die Hallifax zeigt:

»Ach die«, lacht er auf. »Das sind alles Mäuse. Die leben in kleinen Höhlen unter der Erde, wo sie für den Winter Vorratskammern mit Getreide und Nüsse anlegen. Dort werden auch die Jungen geboren und aufgezogen. Es sieht so aus, als ob sie sich was erzählen. Sie gehören auch unterschiedlichen Familien an. Sieh mal Hallifax«, Fridolin gibt sich ganz gelehrt. »Die kleinen grauen mit den spitzen Schnauzen sind Spitzmäuse. Die Feldmäuse sind die mit dem rotbraunen Rücken und heller Bauchfärbung. Die Haselmäuse sind die

etwas dickeren mit dem kastanienbraunen Fell. Kannst du uns vielleicht verraten, worüber sich die Mäuse unterhalten?«
»Sicher kann ich das. Aber dann müsst ihr ganz still sein, damit ich zuhören kann. Also die kleine Maus mit der spitzen Schnauze erzählt da eine ganz interessante Geschichte.

Murkel , die Spitzmaus

»Hallo Freunde, hört mal zu, was ich euch erzählen möchte!«
So beginnt Murkel seine Erzählung im Kreis der kleinen Mäuseschar. Dieses ist nichts außergewöhnliches, denn Murkel ist selbst eine kleine graue Maus mit spitzer Schnauze.
»Ihr wundert euch sicher über meinen sonderbaren Namen? Ja, das ist schon ein ganz besonderer, denn diesen haben mir liebe Menschen gegeben.«
»Menschen«, quiekt die ganze Mäuseschar aufgeregt. »Menschen töten uns Mäuse doch meistens, wenn sie uns sehen. Aber Menschen geben uns doch keinen Namen!«

Murkel erzählt ganz aufgeregt: »Doch ganz bestimmt gaben mir Menschen den Namen Murkel und das kam nämlich so«, erzählt Murkel ganz aufgeregt.
»Ihr müsst wissen, dass ich mit meinen Eltern und Geschwistern in einem großen Park lebte.
Am Tag war dort immer sehr viel Lärm. Kinder spielten auf dem Rasen mit Bällen, turnten auf einem riesigen Klettergerüst oder rutschten mit lautem Geschrei die große Rutschbahn herunter.
Kleine und große Hunde trollten bellend durch den Park. Dabei schnupperten sie dann schon mal an unserer Wohnung, was uns in Angst und Schrecken versetzt. Wir waren immer froh, wenn so eine feuchte Nase von unserem Wohnungseingang verschwand. Ganz mucksmäuschenstill verhielten wir uns, bis nichts mehr zu hören

war. Aber abends, wenn es dunkel wurde und alles ruhig war, das war die Zeit der Tiere, die im Park wohnten.

Zuerst kam die Hasenfamilie aus ihrem Bau, die unter der großen Rutsche wohnte. Die waren wirklich am mutigsten von uns allen. Stellt euch vor, an manchen Tagen spielten sie sogar fangen, wenn die Menschen und Hunde im Park waren. Man konnte sie nur bewundern. Wenn sie auf der Wiese waren, dann trauten sich auch die Hasen heraus, die unter einem großen Misthaufen in einem Garten wohnten. Dann ging es aber rund im Park. Die Hasen sprangen wie die Wilden herum, bis sie müde und hungrig waren.

Die Igelfamilien kamen aus ihren Verstecken hervor und suchten sich Schnecken und Würmer, so dass man sie oft an verschiedenen Ecken schmatzen hörte.

Es gab auch eine Menge verschiedener Vögel in diesem Park, welche abends wunderschöne Melodien zwitscherten.
Nur die Eule, die niedrig über die Wiese flog sobald es dunkel wurde, die mochten wir nicht. Auf die mussten wir höllisch aufpassen, damit sie uns nicht erwischte, denn sie hatte einen ganz leisen Flügelschlag.
Es war einer dieser warmen Sommerabende. Ich war noch ziemlich klein. Mein Fell war gerade gewachsen, als meine Mutter mit mir und meinen Geschwistern einen Spaziergang machen wollte. Damit nicht einer von uns verloren ging, mussten wir uns an unseren Schwänzen festhalten. Wir gingen alle hintereinander durch das hohe Gras. Ich war der Letzte von uns. Plötzlich befahl uns meine Mutter anzuhalten und ruhig zu sein. Sie lauschte in die Dunkelheit und wir

hörten, wie eine Katze durch das Gras schlich. Das ist ja unser größter Feind, wie ihr aus eigener Erfahrung wisst. Wir legten uns ganz still, an die Erde gepresst, hin. Auf einmal tauchten zwei große funkelnde Augen vor uns auf. Ihr könnt euch sicher denken, was das für eine Aufregung war. Ich ließ vor Schreck den Schwanz meines Bruders los und purzelte den steilen Abhang hinunter. Dort verhielt ich mich erst einmal still. Außer dem Fauchen der Katze und dem aufgeregten Zwitschern mehrerer Vögel, die die Katze auch nicht mochten, war lange nichts zu hören.

Nach einiger Zeit hob ich meinen Kopf und lauschte in die Dunkelheit, ob ich meine Geschwister und meine Mutter hören konnte. Aber es war wieder ruhig im Park und ganz unheimlich, denn ab und zu hörte ich nur die Eule rufen.

Irgendwann in der Nacht war ich vor lauter Angst wohl eingeschlafen, denn ich wurde sehr unsanft geweckt. Etwas Feuchtes stupste mich an. Aber oh Schreck, es war ja noch ein größeres Tier, als die Katze. Es war ein großer brauner Hund. Dieser schob mich mit seiner nassen Nase vor sich her und rannte dann weiter.
Was war ich froh, als der endlich weg war! Ich wäre vor Angst fast gestorben. Alle Knochen taten mir durch das Herumstupsen weh. In meiner Verzweiflung rief ich ganz laut nach meiner Mutter. Sie musste mich doch hören und zu sich holen! Ich versuchte es immer wieder, bis ich nur noch ganz erbärmlich quiekte. Aber keiner aus meiner Familie ließ sich blicken. Ich zitterte am ganzen Körper vor Angst. Einsamkeit und die Sorge um meine Familie kamen noch dazu. Aber Niemand ließ sich blicken.

Nur ein Mensch hatte mein Schreien gehört. Der kam auf mich zu und natürlich musste auch er wieder einen Hund bei sich haben. Es war aber ein kleinerer. Wie ich später hörte, war es ein Dackel. Der stürzte sich auf mich und wollte mich gleich beschnuppern. Aber dieses Mal war ich schlauer. Ich flüchtete in eine kleine Baumspalte und presste mich fest hinein. Dort blieb ich eine Weile, bis sich mein Herz von der Aufregung erholt hatte, denn es schlug ganz doll, wie ihr euch sicher denken könnt.
Bald schien die Sonne immer heißer vom Himmel und ich hatte Hunger und Durst. Zu dieser Zeit bekam ich nämlich noch von meiner Mutter Milch zu trinken und ich wusste nicht, wie man sich sein Essen selber sucht. Ganz schwach legte ich mich unter ein großes Blatt und rief immer wieder mit schwacher Stimme nach meine

Mutter. Aber so sehr ich auch rief, keiner aus meiner Familie antwortete. Nur dieser Mensch von heute Morgen kam wieder. Er hob das Blatt hoch. Ich fing schon wieder an zu zittern und schloss ganz schnell die Augen. Der sah nach mir, deckte mich wieder zu und ging fort. Etwas später kam doch schon wieder ein Mensch, dieses Mal aber ein kleiner. Der hob mich auf, wickelte mich in ein Tuch und legte mich in eine Kiste. Ich verhielt mich ganz mucksmäuschenstill, denn ich hatte riesige Angst.
Meine Eltern hatten ja schon so viel Schlimmes von den Menschen erzählt und ich wusste nicht, was diese mit einer Maus machen würden. Nach einiger Zeit, die mir furchtbar lange vorkam, wurde ich wieder ausgewickelt.

Ich sah mich um und merkte, dass ich in einem riesigen Raum war. Der kleine und der große Mensch waren Mutter und Sohn, wie ich später hörte. Sie gaben mir etwas Wasser zu trinken. Ach, tat das gut. Aber mein Bauch knurrte fürchterlich vor Hunger. Das mussten die Menschen sicher auch gehört haben, so laut wie das war. Vielleicht würden sie mir was zum Fressen geben, wenn sie es gehört hatten, dachte ich. Aber so war es nicht. Sie legten mich in eine große Schale, die sie ausgepolstert hatten und stellten einen Topf mit einem Loch in der Mitte über mich. Es war etwas dunkel darin und ich schlief nach den ganzen Strapazen ein.

Ich wachte erst wieder auf, als mir Wasser um die Schnauze gerieben wurde. Mit der Zunge leckte ich mir den Mund ab. Wieder knurrte mein Bauch ganz laut. Dieses Mal hatten es die Menschen aber auch gehört, denn sie gaben mir einen ganz dicken Mehlwurm zu fressen. Leider wusste ich zu dieser Zeit nicht, was ich damit anfangen sollte. Die Menschenmutter nahm mir ihn wieder ab und teilte ihn in der Mitte durch. Innen war eine weiße Flüssigkeit, die wie die Milch aussah, die ich von meiner Mutter zu trinken bekam. Sie legte mir den halben Wurm zwischen meine Vorderfüße, denn mit denen konnte ich den Wurm festhalten. Erst leckte ich ganz vorsichtig an der Flüssigkeit, aber als ich merkte wie lecker das schmeckte, konnte ich mich nicht beherrschen und sog die ganze Flüssigkeit aus dem Mehlwurm heraus. Bloß die Schale mochte ich nicht, die war mir zu hart. Anschließend bekam ich noch die andere Hälfte. Als ich diese auch leer hatte, war ich geschafft. Ich dachte mir würde der Bauch platzen. So ließ ich mich in mein Bett plumpsen und schlief sofort fest ein.

Am nächsten Tag hörte ich wie sich die beiden Menschen unterhielten. Sie wollten mir einen Namen geben, weil doch jedes Lebewesen einen Namen hat. Nach vielen Vorschlägen kamen sie auf den Namen »Murkel«. Weil ich so klein und murkelig wäre, sagten sie. Seht Freunde, so bekam ich meinen Namen!«

»Wie bist du denn den Menschen davon gelaufen?«, wollen die anderen Mäuse wissen.

»Ach, das brauchte ich gar nicht!«, verkündigt Murkel ganz stolz. »Die Menschen gaben mir von diesem Tag an immer diese Würmer zu fressen, bis ich ganz groß und kräftig war. Auch kleine Ameisen und Körner bekam ich. Als ich endlich alleine essen konnte, brach-

ten sie mich hier zu diesem Feld und ließen mich laufen. So habe ich euch getroffen. Ich möchte nun meine Eltern und Geschwister suchen. Aber aus dem ganzen Abenteuer habe ich gelernt, dass es auch liebe Menschen gibt, die nicht gleich Angst vor Mäusen haben (obwohl wir ja mehr Angst vor ihnen haben) und die uns gleich töten wollen. Ich bin jedenfalls sehr stolz auf meinen Namen, den mir ganz liebe Menschen gaben. So Freunde, das war meine Geschichte.«
Murkel beendet seine Geschichte, auf die er mächtig stolz ist, und alle Mäuse haben mucksmäuschenstill zugehört. Sie saßen noch eine Weile in der Sonne, um anschließend mit lautem Gequieke ins nächste Mäuseloch zu rennen, als sie von weitem Hallifax, Fridolin und Fido im Gras sitzen sehen.

»Mensch Hallifax, der Murkel hat aber eine tolle Geschichte erlebt. Das ist ja wie mit uns beiden. Ich hatte erst riesige Angst, als ich dich sah und du musst dich noch immer vor anderen Menschen verstecken. Dabei möchte ich all meine Freunde, dem ganzen Dorf«, Fridolin war auf einmal ganz aufgedreht. »Nein am allerliebsten allen Menschen auf der Welt erzählen, was für einen großartigen, außergewöhnlichen, supermegagalaktischen, oberaffenstarken Freund ich vom Planeten Saga habe!!!«

Hallifax sieht seinen Freund lächelnd an, als er dieses Kompliment hört, und Fido wedelt zur Bestätigung mit seinem Schwanz.
»Hallifax, wenn du mit zum Jugendrotkreuz gehen willst, wirst du dich vor den Kindern verstecken?«, fragt Fridolin seinen Freund.
»Ich bin mir noch nicht ganz sicher, ob ich es riskieren kann, dass mich andere Menschen sehen. Aber ich überlege es mir noch. Fridolin, wann willst du mich denn mitnehmen?«
»Am besten morgen Nachmittag, dann haben wir wieder eine Gruppenstunde. Ja, es wäre schon super, wenn du mitkommst. Auch wenn du dich unsichtbar machst, wirst du sicher deinen Spaß haben. Wir machen ja immer eine Menge interessanter Dinge. Ach, du wirst es schon selbst erleben Hallifax.« Fridolin ist bei dem Gedanken, dass Hallifax mit zum Jugendrotkreuz kommen will, ganz aufgeregt.

Am späten Nachmittag des nächsten Tages ist es dann so weit. Die beiden Freunde machen sich auf den Weg zur Gruppenstunde, sehr zum Leidwesen von Fido, der nicht mitkommen darf, richtig sauer guckt und vor sich hin mault.

Hallifax will zu seinem Schutz doch unsichtbar bleiben. Es ist ihm ein zu großes Risiko. Man weiß nun wirklich nicht, wie die Kinder auf ihn reagieren.

Da sie noch immer Ferien haben, sind nicht alle Kinder zur Gruppenstunde gekommen. Ein paar waren verreist und erzählen, was sie alles erlebt haben. Alle sprechen durcheinander, denn jeder will seine Neuigkeiten loswerden. Das geht eine ganze Weile so, bis Danni, die Gruppenleiterin, ein Spiel vorschlägt. Es ist das Blutkörperchen-Spiel, welches die Kinder sehr gerne spielen.

Die Gruppe wird eingeteilt in Viren und Blutkörperchen. 2-3 Kinder spielen die Viren, die restlichen sind die Blutkörperchen.

Die Viren müssen die Blutkörperchen durch berühren anstecken. Infizieren, wie die Fachleute sagen. Sie laufen zu den Blutkörperchen, aber die wehren sich, in dem sie ganz schnell entwischen. Aber da ist schon eins infiziert und bleibt stehen. Es jammert in einer Tour »Ojemine, Mist« »Ojemine Mist« und stampft verzweifelt mit dem Fuß auf. Sobald die anderen Blutkörperchen das infizierte klagen hören, sammeln sich drei Blutkörperchen um das kranke und versuchen es zu heilen. Sie packen sich an den Händen und tanzen dreimal um das kranke Blutkörperchen und rufen dabei ständig: »Heile, heile, heile!«

Jetzt haben sie das kranke Blutkörperchen dreimal umrundet und damit ist es geheilt.

Das erste Spiel haben heute die Blutkörperchen gewonnen, denn die Viren konnten nicht alle infizieren.

Es ist schon ein riesiger Spaß, und lernen kann man bei diesem Spiel eine Menge. Nämlich dass die Blutkörperchen in unserem Körper mit den Viren bei einer Infektion kämpfen.

Hallifax, der das Spiel sehr aufregend findet, spielt beim zweiten Mal unsichtbar mit. Dummerweise dreht er sich aus Versehen auf einmal ganz schnell, was eine schlimme Wirkung hat. Er steht plötzlich mitten unter den Kindern und ist sichtbar. Alle Kinder sind erst einmal stumm vor Schreck. Aber dann schreien und kreischen sie aufgeregt durcheinander, und suchen Schutz bei Danni der Grup-

penleiterin. Die sieht auch nicht gerade glücklich aus und möchte am liebsten mit ihnen schreien und sich verkriechen.
Fridolin guckt Hallifax genauso entgeistert an wie alle anderen. Denn was er jetzt sieht ist ihm genauso unbekannt wie den anderen Kindern. Was ist nur geschehen???
Sein niedlicher, kleiner, kuscheliger Hallifax sieht so ganz anders aus. Fridolin rennt schnell zu ihm und nimmt ihn beschützend bei der Hand und fragt ihn mit entsetztem Gesicht:
»Mensch Hallifax, wie siehst du denn aus. Das ist ja eine supermegagalaktische Katastrophe, die hier passiert ist!!!« Bei diesen Worten sieht Fridolin ihn immer wieder ungläubig an und schüttelt mit dem Kopf.

»Habe ich vielleicht einen gelben Kopf, grüne Ohren und Flügel bekommen?«, flüstert dieser ganz leise und hat dabei ganz feuchte Augen.

Fridolin sagt gar nichts, sondern verzieht das Gesicht zu einer vielsagenden Grimasse und nickt nur zur Bestätigung.

»Ach du großer Weltraum, dass mir das immer wieder passieren muss! Wenn ich unbeabsichtigt sichtbar werde, oder mich ganz doll aufrege, verfärbe ich mich schon mal. Das ist mir ja so furchtbar peinlich«, jammert Hallifax und sieht dabei ganz zerknirscht aus. Am liebsten würde er vor lauter Scham heulen.

Fridolin legt beschützend seinen Arm um ihn. Als die Kinder das sehen, werden sie ein bisschen mutiger und gehen etwas näher auf ihn zu. Zuerst etwas zaghaft. Leise hört man die ersten Stimmen der

Kinder, dann reden auf einmal alle aufgeregt durcheinander und haben hunderte von Fragen an Hallifax, dessen Gesichtsfarbe langsam wieder ins Braun wechselt und seine Flügel durchsichtig werden.

Fridolin ist ein eifriger Übersetzer. Obwohl Hallifax sich auch mit den Kindern telepathisch unterhalten kann, läßt er es sich nicht nehmen, alle seine Freunde über Hallifax, seine Herkunft und seine Mission auf der Erde aufzuklären.

Der will nun alles über das Jugendrotkreuz und deren Aufgaben auf der Erde wissen. Die Kinder erzählen ihm bereitwillig etwas darüber und warum sie überhaupt zum Jugendrotkreuz gekommen sind.

»Bianca, erzähle mal, warum du hier bist!«, fordert Fridolin ein älteres Mädchen auf.

»Warum denn gerade ich?«, fragt diese und wird ganz rot vor Aufregung. Aber dann erzählt sie doch ihre Geschichte: »Seit meinem 8. Lebensjahr komme ich schon hierher. Ich hatte von Freunden davon gehört. Am Anfang haben wir Spiele gemacht, wie eben das Blutkörperchenspiel. Später wurde mir dann erklärt, wie man einen Notruf abgibt. Auch die stabile Seitenlage bei Unfallopfern, wie man kleine Wunden verbindet und sich bei Unfällen verhält habe ich bisher gelernt. Wir machen auch mit der Gruppe gemeinsame Ausflüge, bei denen wir andere Jugendrotkreuzler treffen. Es werden dann richtige Wettkämpfe abgehalten. Die Gruppe, die am Schnellsten die Verletzten versorgt hat, hat dann gewonnen. Ich würde am liebsten viel öfter hierhin kommen, weil es mir so viel Spaß macht.«

»Also ich habe von meiner Oma davon gehört. Die lebt hier im Altenheim und an manchen Nachmittagen kommen Kinder vom Jugendrotkreuz und bringen Spiele mit. Dann wird gemeinsam mit den älteren Leuten gespielt oder wir lesen uns gegenseitig Geschichten vor. Die Nachmittage sind immer besonders lustig und gefallen mir sehr. Die alten Menschen erzählen auch sehr viele Geschichten aus ihrem Leben. Ich muss euch sagen, die sind oft spannender als Fernsehen. Natürlich will ich auch die Erste Hilfe lernen, denn mit 18 Jahre möchte ich den Führerschein für ein Auto machen und dafür brauche ich die Ausbildung.«, erzählt Jan, der neun Jahre ist und somit zwei Jahre älter als Fridolin.
»Mein Traumberuf ist Krankenschwester und dafür kann ich beim Roten Kreuz schon einmal viel lernen. Zum Beispiel das Verbinden

und das Trösten von Verletzten und Kranken«, berichtet Elisabeth ganz stolz und streichelt dabei etwas zaghaft die Hand von Hallifax, der darüber glücklich lächelt.

»Na und ich werde mal Kinderärztin, so wie meine Mutter«, sprudelt es aus Melissa hervor, obwohl sie gerade mal so alt wie Fridolin ist.

»Da kann ich dich ja zu deinen Einsätzen fahren«, tönt Erik ganz laut. »Mein Traumberuf ist nämlich Rettungssanitäter. Dann kann ich immer mit Blaulicht ganz schnell durch die Stadt fahren.« »Da träumst du dir ja etwas Schönes zusammen. Das Blaulicht darf man nur anschalten wenn ganz schwer kranke Menschen transportiert werden!«, erklärt Fridolin mit ganz wichtiger Miene. Er muss es ja wissen, weil sein Vater Rettungssanitäter ist und der hatte es ihm erzählt.

Hallifax bekommt an diesem Tag noch eine Menge über das Jugendrotkreuz erklärt und er kann sich nur sehr schwer von seinen neuen Freunden verabschieden.

Als die beiden zu Hause im Bett sind, (Hallifax natürlich wieder mit Fido unter einer Kuscheldecke) gibt es noch eine Menge Fragen die Fridolin Hallifax beantwortet. Ab und zu mieft Fido dazwischen, denn er erzählt dann von seinen Freunden bei der Rettungshundestaffel. Erst spät am Abend schlafen sie endlich ein.

Am nächsten Morgen hat sich die Aufregung vom Vortag etwas gelegt. Fridolin sieht ab und zu seinen Freund von der Seite an und

grinst dabei. Das sah aber auch zu komisch aus, wie sich sein Gesicht plötzlich gelb, seine Flügel und Ohren grün färbten.
»Hallifax was möchtest du am liebsten heute kennenlernen?«, fragt Fridolin seinen Freund nach dem Frühstück.
»Ich würde mir gerne eure Tiere auf dem Bauernhof ansehen. Sie sehen sehr verschieden aus. Vielleicht können sie mir auch etwas von sich erzählen.«
»Da kannst du sie gleich selbst fragen und mir erzählen, wie es ihnen bei uns gefällt.« Fridolin ist von der Idee richtig begeistert. Was die Tiere wohl erzählen würden?

Nachdem Fido sich ihnen angeschlossen hat, gehen sie gemeinsam über den Hof. Hallifax ist natürlich wieder unsichtbar.
Fido ärgert wieder seine Lieblingshühner und wirbelt sie mit großer Freude durcheinander.
»Fido, also die Hühner sind echt empört und furchtbar wütend auf dich, weil du sie immer so ärgerst. Sie regen sich wahnsinnig darüber auf und würden dir am liebsten auf den Rücken fliegen und ordentlich auf den Kopf herumhacken, damit du sie in Zukunft in Ruhe läßt«, berichtet Hallifax was er gerade von den Hühnern gehört hat. Jetzt jäfft Fido aber richtig los und Hallifax übersetzt es schnell Fridolin.
»Also, diese dummen Hühner sollen sich nicht so aufplustern. Wenn ich sie nicht scheuchen würde, hätten sie in ihrem Leben gar nichts

worüber sie sich aufregen könnten. Sonst würden sie sich nur um ein paar Körner im Dreck zanken. So haben diese blöden Viecher wenigstens etwas Abwechslung in ihrem Leben!«
Als Fridolin das hört, packt er Fido ins Genick und schüttelt den Schlawiner liebevoll durch. Man kann ihm eigentlich gar nicht böse sein.
Ihr Weg führt sie zuerst in den Kuhstall.
»Du hast Glück, dass hier überhaupt Kühe im Stall stehen. Im Sommer sind die meisten auf der Alm«, erklärt Fridolin.
»Was ist denn eine Alm?« Hallifax hat davon noch nie was gehört.
Fridolin kneift seine Augen etwas zusammen und überlegt, wie man jemanden erklärt, was eine Alm ist.

»Du stellst aber auch Fragen Hallifax. Na ja, den ganzen Winter stehen die Kühe im Stall und bekommen Heu zu fressen. Wenn der Winter vorbei ist werden sie auf die Wiesen ins Gebirge gebracht, weil es dort viele gesunde Gräser gibt und die Milch dadurch viel besser wird. Dort oben ist eine kleine Hütte in der die Sennerin oder der Senn wohnt. Die passen auf die Kühe auf und machen aus der Milch entweder Butter oder Käse. Das schmeckt ganz besonders gut. Jedenfalls besser als wenn man die Sachen im Geschäft kauft. Für die Kühe ist das so etwas wie Ferien. Im Herbst kommen sie dann schön geschmückt wieder von der Alm. Ich kann dir ja nachher mal Bilder von dem Almabtrieb zeigen.« Fridolin ist mit seiner Erklärung sehr zufrieden.

»Und warum stehen die hier noch im Stall? Durften sie etwa nicht mit in die Ferien?«

»Du willst aber auch alles genau wissen. Hier, die Lisa, die so dick ist. Sie bekommt in ein paar Tagen ihr Kälbchen. Es ist besser wenn sie im Stall ist, dann kann mein Vater ihr bei der Geburt helfen oder direkt den Tierarzt holen. Elsa haben wir hier behalten, weil sie unsere Milchkuh ist. Sie ist auch die älteste und der Weg ist zu beschwerlich für sie.

Der Toni ist ein kleiner Stier, also eine männlich Kuh, der soll verkauft werden. Tina und Susi sind noch zu jung für den weiten Weg zur Alm und kommen hier auf die Weide hinter dem Haus! Frage doch die Kühe einmal, wie es ihnen bei uns gefällt!«

Hallifax, der wieder sichtbar ist, fragt Lisa und Elsa. Die gucken sehr verdutzt und wissen gar nicht was sie antworten sollen. Denn bis jetzt hat noch niemand so mit ihnen gesprochen und sie direkt etwas gefragt. Aber auf einmal muhen sie ganz aufgeregt durcheinander.

»Na, was sagen sie? Erzähl schon Hallifax!« Fridolin ist richtig ungeduldig und gespannt wie ein Flitzebogen was seine Kühe so zu erzählen haben.

»Sie sagen, dass sie gerne bei euch sind, weil sie immer genug zu fressen haben, ordentlich gebürstet und immer rechtzeitig gemolken werden. Lieber wären sie ja mit ihren Freundinnen zur Alm gezogen, denn dort finden sie es am schönsten. Aber sie meinen, dass wäre nicht das Schlimmste, was ihnen passieren könnte, da sie bei

schönem Wetter auch auf die große Wiese kommen. Dort gefällt es ihnen auf alle Fälle besser als im Stall. Den blauen Himmel, die Vögel und die warme Sonne, das würden sie im Winter am meisten vermissen. Die größte Freude haben sie aber, wenn du sie zwischen den Hörnern kraulst.
Über dieses Kompliment freut sich Fridolin riesig und krault Lisa und Elsa direkt noch einmal, worauf diese freudig muhen.
»Was sind denn das für Tiere in dem Bau an der Wand?«, fragt Hallifax neugierig mit einem Blick zur Decke des Stalls.
»Das sind Vögel. Natürlich haben sie auch einen besonderen Namen, sie heißen Schwalben. Ihr Nest, so heißt der Bau der Vögel, bauen sie gerne im Stall, weil hier immer so viele Fliegen sind, und diese sind nun einmal ihre Leibspeise. Hier«, Fridolin zeigt mit sei-

nen Fingern auf die Fliegen. »Diese kleinen Krabbelviecher, die einem um die Ohren schwirren, das sind Fliegen. Die Schwalben haben sicher auch eine Menge zu erzählen. Bitte, bitte frage sie doch einmal was!« Fridolin findet es große Klasse, dass jemand sich mit den Tieren unterhalten kann.

Hallifax unterhält sich lange mit der Schwalbenfamilie. Fridolin ist schon sehr gespannt was sie erzählen.

»Also Fridolin, das ist schon eine tolle Geschichte, von der sie mir berichten. Sie kamen im Mai aus Afrika zu euch in den Stall. –Du musst mir nachher noch erklären, was oder wo Afrika ist.- Nun zuerst soll ich dir sagen, dass das Schwalbenpaar gerne bei euch ist. Ihr lasst immer ihr Nest über den Winter hängen und sie brauchen dann im Frühjahr kein neues bauen, was ganz schön anstrengend wäre. Es wird nämlich aus kleinen Lehmklümpchen zusammen gebaut. So brauchen sie nur ihr altes Nest auszubessern und polstern es mit Moos und Federn aus.

Drei kleine Eier haben sie dieses Jahr ausgebrütet. Aber sie hatten sehr große Schwierigkeiten mit ihrem jüngsten Schwalbenkind, das sie Tschip-Tschip nennen. Als die beiden Geschwister schon kräftig nach Futter schrien, war Tschip-Tschip immer noch nicht aus dem Ei geschlüpft. Erst als die Eltern es mehrmals aufforderten, es soll doch endlich herauskommen, stemmte es sich kräftig mit seinen Füßchen gegen die Schale, pickte mit seinem Schnabel ordentlich dagegen, bis es knacks machte. Die Schale splitterte und mühsam befreite sich Tschip-Tschip von ihr. Plitschnaß und am ganzen Körper zitternd saß er zwischen seinen Geschwistern, die schon größer waren und nur nach Futter schrien. Von Tschip-Tschip, der auf seine große Leistung ganz stolz war, wurde keine Notiz genommen, denn nur der bekam genug zu fressen, der den Schnabel zuerst offen hatte und am Flugloch war. Wenn Tschip-Tschip protestierte und sich vordrängelte, wurde er ganz schnell von seinen Geschwistern wieder zurück geschubst. Sie waren ja schon viel stärker als er. Erst wenn diese satt waren, bekam er zu fressen. Er sah daher sehr mickrig aus und wurde einfach nicht größer.

Dann kam die Zeit in der das erste Schwalbenkind aus dem Loch guckte und die ersten Flugversuche machte. Es fand das so schön mit den Eltern über die Häuser und Berge zu fliegen und berichtete mit lautem Gezwitscher alles seinen Geschwistern. Das andere Schwalbenkind wollte auch gleich am nächsten Tag mitfliegen. Nach anfänglichem ängstlichem Zögern klappte es auch. Vergnügt flogen sie mit den Eltern davon und sahen mit großem Staunen die weite Welt.

Nicht aber Tschip-Tschip! Der genoß es, dass er das Nest für sich alleine hatte. Er reckte und streckte sich, machte es sich gemütlich und schlief erst einmal eine Runde. Als er wach wurde schrie er so laut er konnte nach Essen. Es dauerte dann eine ganze Weile ehe seine Eltern die Rufe hörten und ihn fütterten. Zum ersten Mal in seinem kurzen Leben konnte er sich satt fressen. Keiner schubste ihn vom Loch fort. Aber abends wollten alle wieder ins Nest. Es wurde richtig gedrängelt und gestoßen bis alle drin waren.

Natürlich erzählten die beiden Schwalbenkinder, was sie den ganzen Tag gesehen hatten. Von den Bergen, Häusern, Menschen und

Tieren. Aber Tschip-Tschip wollte davon nichts wissen und hätte sich am liebsten mit seinen kleinen Flügeln die Ohren zugehalten. Er hatte sich vorgenommen überhaupt nicht aus dem Nest zu fliegen und sich nur noch von seinen Eltern füttern zu lassen.

Für seine Eltern waren das schwierige Zeiten, denn sie mussten sich ja auch noch um die Geschwister kümmern. Ihnen das Jagen von Fliegen, Käfer und Mücken beibringen. So verging meist eine längere Zeit ehe sie wieder ans Nest kamen, um Tschip-Tschip zu füttern. Oft hatte er sich schon ganz heiser geschrien. Andere Schwalbenkinder kamen zum Nest geflogen, um ihm von draußen zu erzählen. Sie konnten gar nicht verstehen, dass jemand freiwillig in dem engen Nest blieb. Aber auch sie gaben es bald auf, weil er ihnen nicht zuhörte.

Die Eltern ermahnten und baten ihn, dass er mit dem Fliegen anfangen soll. Er musste doch für den langen Flug nach Afrika genug Kraft haben.

Bald wurde es ihm im Nest sehr langweilig, weil seine Eltern und Geschwister immer seltener am Nest vorbei kamen. So steckte er seinen Kopf vorsichtig aus dem Loch. Setze erst ein Bein auf den Rand, zog das andere nach, flatterte etwas mit den Flügeln. Nun bekam er vor seinem Mut doch etwas Angst, weil es bis zum Boden etwas tief war. So zog er sich erst ein Mal wieder ins Nest zurück. Immer wenn seine Eltern weg waren, machte er heimlich Flugübungen. Auf einmal verlor er das Gleichgewicht und fiel über den Rand. Dabei breitete er seine Flügel aus und segelte zum offenen Kuhstall heraus.

War das ein herrliches Gefühl! Alle Schwalben flogen um ihn herum und begrüßten ihn mit lautem Gezwitscher. Mutter Schwalbe hatte sich wirklich große Sorgen um Tschip-Tschip gemacht. Wenn er nicht früh genug fliegen gelernt hätte, wäre er auch nicht kräftig genug für den weiten Flug nach Afrika gewesen. Im Winter wäre er sonst verhungert, weil es kein Fressen für ihn gegeben hätte.«
»Mensch Hallifax, das war aber eine starke Geschichte!« Fridolin kann es gar nicht glauben, was er eben gehört hatte. »Hätte nicht gedacht, dass sich Schwalben auch Sorgen um ihre Kinder machen müssen. Da kann man mal sehen, wie gut es ist, wenn man auf die Eltern hört. Stell dir mal vor, die müssten ohne ihn fliegen. Der arme kleine Tschip-Tschip hätte im Winter gar kein Futter gefunden, denn im Winter ist es so kalt, da fliegen keine Insekten herum. Außerdem

ist Afrika wirklich sehr weit von uns entfernt, da muss ein Vogel schon kräftig sein, weil man wahnsinnig lange fliegen muss.«
Hallifax gibt Fridolin Recht. Als sie wieder zum Heuboden gehen hält Hallifax Fridolin am Ärmel zurück und zeigt auf ein Tier, das über den Boden huscht und im Heu verschwindet.

»Sieh mal dort drüben, dass war aber eine große Maus!«
»Igitt!«, schreit Fridolin laut auf. »Das ist keine Maus, sondern eine große abscheuliche Ratte, die du gesehen hast.«
»Und, was ist der große Unterschied zwischen einer Ratte und einer Maus? Für mich sehen beide, bis auf die Größe, gleich aus!« Hallifax versteht die Aufregung seines Freundes überhaupt nicht.
»Na ja, so unrecht hast du nun auch wieder nicht. Nur bei der Größe merkt man den Unterschied. Es gibt aber auch verschiedene Arten

von Ratten, wie Wanderratten, Hausratten, Bisamratten. Bei uns Menschen sind die Ratten nicht so beliebt, eigentlich genauso wenig wie Mäuse. Sie sind gefräßig und gehen gerne in unsere Vorratskammern. Gefährliche Krankheiten verbreiten sie auch. Trotzdem kenne ich eine super schöne Rattengeschichte, die habe ich vor langer Zeit im Kindergarten vorgelesen bekommen. Soll ich sie dir erzählen?« Nun strahlt Fridolin vor Stolz über sein ganzes Gesicht, weil er eine neue Geschichte erzählen kann.
»Ja wäre nicht schlecht, ich brauche nun mal eine ganze Menge Geschichten für Saga.« Hallifax nickt ihm zur Bestätigung zu.

Kleine Ratte Herkules

In den Abflussrohren jeder Stadt leben eine Menge Ratten. Es gibt ganze Familien, ja ganze Staaten von Ratten wohnen dort. Manche haben auch Rattenkönige zu ihrem Führer gewählt, die dann von ihren Untertanen bedient und verwöhnt werden. Die anderen Ratten gehen für ihn auf die Jagd und füttern ihn mit den schönsten und leckersten Stückchen Fleisch. Einige müssen für ihn die Lebensmittel vorkosten, es könnten ja Giftstücke darunter sein.
Aber hier will ich von einer ganz besonderen Rattenfamilie erzählen. Sie wohnte nämlich in dem Keller einer großen Staatsbibliothek, in der auch Vorlesungen für Studenten abgehalten wurden.

Mutter Ratte hatte ein ganz besonderes Hobby, sie hörte mit Begeisterung den Vorlesungen zu. Je nach dem was für ein Thema an der Reihe war, behielt sie die Namen der Hauptpersonen und der nächste Wurf ihrer vielen Kinder wurde nach ihnen benannt.

Mutter Ratte bekam wieder einmal Kinder. Da gerade die griechischen Sagen vorgelesen wurden, bekam ihr Nachwuchs dieses Mal die Namen Zeus, Herkules, Artemis und Helios. Damit sie ihrem Namen auch alle Ehre machten, wurde ihnen von ihrer Mutter immer wieder erzählt, was für eine Bedeutung ihr Name hatte.

Zeus, war der große Göttervater der Griechen und so entwickelte sich das Rattenkind Zeus zu dem Anführer seiner Geschwister.

Artemis, war die Göttin der Jagd und das Rattenmädchen war die klügste und flinkste beim Beschaffen von Nahrung.

Helios, so hieß der Sonnengott und der kleine Rattenhelios sorgte immer für gute Laune.

Nur Herkules, der ja eigentlich für Mut und vor allen Dingen für Stärke bekannt war, also der Name passte überhaupt nicht zu dem jüngsten Rattenkind. Es war schon bei der Geburt etwas schwächlich und das kleinste. Ein richtiges Sorgenkind eben. Seine Geschwister machten sich öfters lustig über seinen Namen und sangen zu allem Überfluss auch noch ein Spottlied. »Herkules, Herkules, wo ist deine Stärke«, dabei hüpften sie wie die Wilden um ihn herum und lachen sich halbtot.

Gut, Herkules war nun einmal eine kleine schwache Ratte, aber auch eine schlaue. Da seine Geschwister nicht gerne mit ihm spielten, ging er mit seiner Mutter in den Vorleseraum. Im Gegensatz zu seinen

Geschwistern, die das Vorgelesene schnell vergaßen, behielt er alles und dachte über das Gehörte nach.

Oft huschte er auch alleine durch die Gänge und hörte immer genau hin, wenn sich die Menschen unterhielten.

Eines Tages war er mal wieder unterwegs und so hörte er, da er gerade im Zimmer des Direktors war, wie der sich mit dem Hausmeister unterhielt:

»Ja, wie sie mir schon sagten Herr Obermeier, die Ratten werden immer unverschämter. Überall sieht man die Plagegeister herumhuschen. Es wird endlich Zeit, dass man etwas gegen sie unternimmt.«

»Ein paar Rattenfallen hab ich schon gekauft Herr Direktor. Am besten stellt man sie mit einem schönen Stück Käse hin. Da fallen diese Tierchen mit Freude darüber her.«

»Wie sie wollen Obermeier, sie werden es schon richtig machen«, bei diesen Worten lachten die beiden vor Schadenfreude laut auf. Herkules blieb unterdessen vor Schreck die Luft weg. Seine Eltern hatten schon viel über Rattenfallen erzählt, aber gesehen hatte er noch keine. Deshalb schaute er genau zu, wie der Herr Obermeier die Rattenfalle erklärte. Danach huschte er schnell in den Keller zurück.

Es folgte für die Rattenfamilie eine schwere Zeit, denn sie konnten sich nicht mehr frei in den Gängen bewegen. Auch mussten sie mit der Nahrung vorsichtig sein, denn sie wußten ja nicht, ob nicht etwas davon vergiftet war. Aber die Menschen waren ganz gemein, denn sie hatten die Fallen eines Tages vor die Lüftungsschächte gestellt. Artemis war mal wieder sehr vorwitzig. An einem Wochenende, als alles still war im Gebäude, wagte sie sich aus dem Versteck und prompt saß sie in der Falle fest. Erst blieb ihr vor Schreck fast das Herz stehen, aber dann schrie sie laut um Hilfe.

Alle aus der Rattenfamilie hörten ihre Hilferufe und eilten in Windeseile durch die Gänge, immer in Angst, selbst in einer Falle zu landen. Ja und dann standen sie vor der Falle, die wie ein kleines Gefängnis aussah. Alles kleine Gitterstäbe aus Metall und in der Mitte saß weinend Artemis umgeben von einem großen Stück Käse, das vergiftet war.

Mutter und Vater wiegten traurig ihren Kopf und beklagten die Ungeschicklichkeit ihrer Tochter.

Zeus und Helios sahen sich mit tränenden Augen an und hatten unendlich viel Mitleid mit ihrer armen Schwester.

Nur Herkules stand da und überlegte krampfhaft, wie er Artemis befreien konnte. Er war auch der Erste, der mit ihr redete:
»Pass gut auf Artemis, was ich dir jetzt sage. Sieh zu, dass du nicht an den Käse kommst und auch nicht davon isst. Die Menschen haben ihn bestimmt vergiftet. Bleibe ganz ruhig sitzen und schreie nicht mehr, mir fällt sicher etwas ein, wie wir dich befreien können.«
Seine Eltern und Geschwister sahen ihn ganz erstaunt und ungläubig an. Sie waren ja viel gewohnt, aber nicht, dass Herkules große Reden schwang.
»Wie willst denn ausgerechnet du Artemis helfen?«, fragte seine Mutter.
»Na ja«, sagte der kleine Herkules nicht ohne Stolz in seiner Stimme: »Ich habe damals im Büro genau gesehen, wie sie die Falle

wieder geöffnet haben. Es ist zwar sehr schwierig für uns, aber wenn wir alle zusammen mithelfen, müsste es sicher gehen. Die Tür des Käfigs muss nur nach oben gezogen werden, dann kann Artemis wieder heraus.«

»Du hast gut reden«, erwiderte Zeus. »So viel Kraft haben wir doch gar nicht. Bist du vielleicht der starke Herkules aus der griechischen Sage, dass ich nicht lache.«

»Ach Zeus, du bist manchmal ein richtiger Dummkopf. Natürlich weiß ich, dass ich das nicht alleine schaffe. Ich habe die ganze Zeit überlegt, wie wir es zusammen schaffen könnten. Wir brauchen als erstes ein kräftiges Seil.«

»Ja Kinder, habt ihr denn eins gesehen?«, fragte die Mutter ganz verzweifelt.

»Vielleicht könnten wir im Heizungskeller nachsehen, dort habe ich mal so etwas gesehen. Die Menschen hängen ihre Kleider darauf. Lasst uns mal dort hin gehen«, war der Vorschlag des Vaters.

»Mutter du bleibst hier bei Artemis, damit sie nicht soviel Angst hat. Ich werde das mit den Jungs erledigen!«
So schlich sich die kleine Rattenschar vorsichtig durch die Gänge zum Heizungskeller, immer mit der Angst im Nacken selbst in eine Falle zu laufen. Als sie endlich dort angekommen waren, mussten sie sich erst mal eine Weile ausruhen, so erschöpft waren sie.
»Hast du noch eine Falle unterwegs bemerkt?«
»Nein, du etwa?« so fragten sie sich gegenseitig
Nein eine andere Falle hatten sie nicht mehr gesehen, aber die eine, in der Artemis saß, reichte ihnen auch so voll und ganz. Sie sahen sich im Keller um und entdeckten tatsächlich ein Seil, welches die Menschen, etwa zwei Meter über dem Boden, von einer Wand zur anderen gespannt hatten. Aber ein großes Stück hing an der Wand

herunter. Herkules meinte, dass das sicher lang genug für ihr Vorhaben war. Zeus kletterte die Wand hoch, und nagte das Seil durch bis das Stück zu Boden fiel. Dann nahm er es zwischen seine Zähne, und zog es durch die Gänge, während die anderen auf Gefahr achteten. Bald waren sie bei der Mutter und Artemis angekommen, die sehnsüchtig auf sie warteten. Herkules erklärte nun, wie sie Artemis befreien wollten.

»Also passt auf. Oben an der Gittertür ist eine kleine Ausbuchtung mit einem Loch, durch dieses muss nun das Seil gesteckt werden!« Herkules gab ganz wichtig seine Anweisungen. Er schnappte sich das eine Seilende, kletterte an der Falle hoch. Dort rief er Zeus, der zu ihm hoch kommen sollte. Herkules schob nun das eine Seilende durch das Loch, während Zeus es mit seiner Schnauze von der anderen Seite wieder heraus zog. Jetzt kam der schwierigste Teil. Zeus musste mit seinem Stück Seil in der Schnauze auf die Wasserleitung klettern, die quer durch den Raum gelegt war und genau über der Falle herlief. Herkules kletterte mit seinem Seilende, das er auch krampfhaft in der Schnauze hielt, hinterher. Als sie beide oben waren, mussten sie sich so drehen, dass das Seil gleichmäßig zu einer Seite, genau über das Leitungsrohr gelegt war. Sie ruhten sich erst ein wenig aus und hielten das Seil mit zitternden Pfoten fest. Dann sagte Herkules:

»So Artemis, pass jetzt auf. Zeus und ich springen jeder auf einer Seite herunter. Wenn wir springen, geht das Tor auf. Dann musst du sofort losrennen. Hoffentlich klappt es direkt. Sonst versuchen wir es noch einmal.«

Der Vater gab das Signal und schwupps, sprangen Zeus und Herkules herunter. Es sah bei allem Unglück richtig witzig aus, wie die beiden Rattenkinder am Seil hingen und herum zappelten. Aber im gleichen Augenblick ging mit einem knirschenden Geräusch die Falltür auf, und Artemis rannte schnell heraus. Herkules und Zeus ließen darauf hin das Seil los und plumpsten zu Erde. Anschließend rannten sie schnell gemeinsam zu ihrer Wohnung.
Herkules wurde von seinen Eltern und Geschwistern wie ein großer Held gefeiert. Von diesem Tag an wurde er auch nicht mehr von seinen Geschwistern geärgert.
Aber die Rattenfamilie zog aus diesem Vorfall eine Lehre, nämlich dass sie in dieser Stadt und diesem Haus nicht mehr sicher waren.

Sie packten ihre Sachen und zogen mit ein paar Freunden aus dem Gebäude und wurden von dieser Zeit an nicht mehr gesehen.
»Das war aber eine supermegagalaktische spannende Geschichte Fridolin, die du uns gerade erzählt hast!«, sagt Hallifax mit einem Blick zu Fido, der das jaulend bestätigt. Obwohl Fido lieber Ratten jagen würde, anstatt darüber Geschichten zu hören. Aber das will er vor Hallifax nicht zugeben. »Die Geschichte habe ich im Kopf gespeichert und werde sie nachher in meinem Raumschiff schnell in den Computer schreiben.«
»Warum gefiel dir die Geschichte denn so gut Hallifax?«
»Ja warum?« Hallifax sieht Fridolin nachdenklich an. »Weil die Geschichte sehr viel Mut macht. Sie berichtet, dass auch schwache Wesen durch ihre Intelligenz sehr viel bewirken können. Manchmal

eben mehr als große und starke. Außerdem, dass man sich in Notlagen sehr gut auf Eltern und Geschwister verlassen kann, um so die schwierigsten Situationen mit vereinten Kräften zu meistern.«
Hallifax, Fridolin und Fido sind vom vielen Erzählen richtig hungrig geworden und machen sich auf den Weg zum Wohnhaus, um Abendbrot zu essen.
Als die Mutter endlich die Schlafzimmertür hinter sich schließt, hat Fridolin noch eine Neuigkeit für seinen Freund.
»Hallifax, morgen musst du unbedingt noch einmal mit zur Gruppenstunde beim Jugendrotkreuz kommen. Die Kinder haben nämlich eine große Überraschung für dich!«
»Für mich? Was ist es denn? Kannst du es mir nicht verraten?«, bettelt Hallifax.

»Nein kann ich nicht Hallifax, mir haben sie ja auch nichts verraten. Sie meinten, da du ja Gedanken lesen kannst, könntest du es ja erraten. Außerdem wäre es sonst keine Überraschung«, sagt Fridolin ganz entrüstet.

JRK grenzenlos gemeinsam
Wir verbinden Menschen
und Außerirdische

GI. BENDT 2003

»Aber sie meinen, dass du dich ganz supermegagalaktisch darüber freuen wirst«, grinst Fridolin spitzbübisch und macht es so noch spannender.
»Das ist ja wie beim letzten Weihnachtsfest. Vielleicht haben sie ein Geschenk für mich, was meinst du?«
Hallifax ist mächtig aufgeregt und kann den ganzen Abend an nichts anderes mehr denken.
Am nächsten Tag geht die Zeit, bis die Gruppenstunde anfängt, für beide unendlich langsam vorbei. So lassen sie sich von Fido überreden bei der Ausbildung der Spür- und Lawinenhunde zuzusehen.
Fünf ganz unterschiedliche Hunde warten mit ihren Hundeführern auf verschiedene Aufgaben. Am Anfang wird das Lieblingsspielzeug der Hunde versteckt und sie müssen es wiederfinden. Die Aufgaben

werden immer schwieriger. Die Ausbilder verstecken sich dann mit dem Spielzeug in Kisten oder in geschlossenen Räumen. So müssen sich die Hunde schon mehr anstrengen. Wenn sie ihre Aufgaben erfüllt haben, werden sie immer mit einem Stück Hundekuchen belohnt. Bei den Hunden die schon eine längere Ausbildung haben werden dann auch schon mal Kleidungsstücke unter Steinhaufen versteckt, welche die Hunde ausbuddeln müssen. Das ist nämlich das Training für die Lawinenhunde, denn die müssen später Menschen aus dem Schnee ausgraben. Die Ausbildung der Hunde ist ganz schön schwierig und dauert zwei Jahre ehe sie zum Einsatz mitgenommen werden.

Fridolin und Fido erklären Hallifax alles und es für alle ein aufregendes Erlebnis.

Fridolin sieht auf die Uhr und bemerkt:
»Nun wird es aber Zeit, dass wir Fido nach Hause bringen, sonst kommen wir noch zu spät zur Gruppenstunde!«
Fido passt das gar nicht und mault vor sich hin, weil er nicht mit darf. Als sie endlich den Gruppenraum erreichen sind die anderen Kinder schon da. Hallifax macht sich gleich sichtbar, als die Tür hinter ihm geschlossen wird. Schon umringen ihn alle Kinder, und streicheln ihn und reden aufgeregt durcheinander, bis die Gruppenleiterin um Ruhe bittet.
»Also Kinder, seid bitte mal eine Weile ruhig. Ihr habt doch eine Überraschung für Hallifax. Nun macht es nicht so spannend und holt sie einmal aus dem Schrank!«

Kaum hat Danni dieses gesagt, da stürzen ein paar Kinder zum Schrank und holen eine Papprolle heraus.

»So lieber Hallifax«, fängt Danni ihre Rede ganz wichtig an und hat dabei gerötete Wangen.

Hallifax ist genauso aufgeregt wie Danni was man daran erkennt, dass er mit einem Mal wieder einen gelben Kopf und grüne Ohren und Flügel hat.

»Wir haben uns lange überlegt womit wir dir eine Freunde machen können«, redet Danni weiter, »und was wir dir für Saga mitgeben sollen. Da sind wir auf die Idee gekommen aus einem Stück Papier den Umriss eines Kindes zu schneiden. Darauf haben wir Bilder geklebt, die darstellen was wir uns vom Jugendrotkreuz und unserer Zukunft wünschen und erhoffen. Außerdem was wir schon alles

können und gelernt haben.« Danni zieht bei diesen Worten eine Rolle Papier hervor, die sie vorsichtig ausrollt und an die Tür hängt.
»So Hallifax, das ist nun unser Geschenk, das du mit zu deinen Leuten nehmen sollst. Du kannst ihnen anhand der Bilder sehr gut erklären wie wir Menschen aussehen und leben. Außerdem was uns Menschen das Rote Kreuz bedeutet. Hier siehst du zum Beispiel Rettungssanitäter bei der Arbeit, wie sie einen Verletzten betreuen. So sehen Blutspendeausweise aus. Das sind Rotkreuzzelte, die wir bei Ferienveranstaltungen aufgeschlagen, bei denen wir sehr viel Spaß haben und auch grillen. Du wirst noch eine Menge anderer Sachen sehn, die uns Freunde machen.«
Hallifax ist begeistert von seinem Geschenk.

»Also Freunde, ihr habt mir wirklich eine große Freude mit dem Bild gemacht. Sogar eine supermegagalaktische wenn ihr es genau wissen wollt. Ich könnte mich glattweg vor Freude drehen, aber dann bin ich ja leider gleich verschwunden. Da ihr mir die Bilder so gut erklärt habt, kann ich meinen Leuten wirklich vieles von euch Menschen berichten. Ich werde auf das Geschenk ganz besonders aufpassen, damit nichts verloren geht. Leider muss ich mich dann schon wieder von euch verabschieden, die Zeit für meinen Aufenthalt ist leider abgelaufen und ich muss nach Saga zurück.«
Kaum hat Hallifax das ausgesprochen kommt ein Aufschrei aus der Ecke in der Fridolin steht.
»Mensch Hallifax, dass kannst du mir doch nicht antun!!! Gerade jetzt wo es am Schönsten ist!!!«

Bei diesem Worten rollen schon ein paar dicke Tränen aus seinen Augen, was auf die anderen Kinder ansteckend wirkt und so schnäuzt sich die ganze Runde. Alle reden wieder durcheinander auf Hallifax ein, bis Danni dazwischen ruft:
»Ein bisschen Ruhe Kinder! Hallifax wie du siehst sind wir alle sehr traurig darüber, dass du uns schon wieder verlassen musst. Aber wir haben die Hoffnung, dass du nicht das letzte Mal bei uns bist. Wir haben uns gedacht, dass du von uns einen Ausweis bekommst in dem steht, dass du Ehrenmitglied im Jugendrotkreuz bist. Damit wirst du überall auf der ganzen Erde bei jedem Jugendrotkreuz freundlich aufgenommen. Da du uns verlassen wirst habe ich noch ein besonderes Märchen für dich, das du mit nach Saga nehmen kannst. So Kinder, Hallifax, dann setzt euch mal und hört mir zu!«

Die Sterntaler

Frei nach den Gebrüder Grimm

Geschrieben für Hallifax von Johanna Klesse und Katharina Wulf

Es war einmal ein kleines Mädchen, dem waren Vater und Mutter gestorben. Es war so arm, dass es kein Kämmerchen mehr zum Wohnen und kein Bettchen mehr hatte, um darin zu schlafen. Am Ende hatte es gar nichts mehr als die Kleider auf dem Leib und ein Stückchen Brot, das ihm ein mitleidiges Herz geschenkt hatte. Das Kind war aber fromm und gut. Weil es so von aller Welt verlassen war, ging es im Vertrauen auf den lieben Gott hinaus ins Feld. Dort begegnete ihm ein armer Mann, der sprach: »Es friert mich so an meinem Kopfe, bitte schenke mir etwas, womit ich ihn bedecken kann.« Da setzte es seine Mütze ab und gab sie ihm. Als es noch eine Weile gegangen war, kam ein noch ärmeres Kind, als es selber war und hatte kein Leibchen an und fror. Das fromme Mädchen erbarmte sich und schenkte ihm seins. Als es des Weges weiter ging kam abermals eins und bat um ein Röcklein, das gab es auch von sich hin. Endlich gelangte es in einen Wald, und es war auch schon dunkel geworden. Da kam noch eins und bat um ein Hemdlein. Das brave Mädchen dachte: »Es ist dunkle Nacht und da sieht dich niemand, da kannst du wohl dein Hemd weggeben«, zog das Hemd aus und gab es dem armen Kind. Wie es so dastand und gar nichts mehr hatte, fielen auf einmal die Sterne vom Himmel und waren lauter harte, blanke Taler. Obgleich es sein Hemdlein weggegeben, so hatte es ein neues an und das war vom allerfeinsten Linnen. Da sammelte es sich die Taler hinein und war reich für sein Lebtag.

»Das Märchen hat mir sehr gut gefallen Danni, es passt auch gut zum Roten Kreuz«, meint Hallifax.
»Ich weiß auch warum!«, rief Elisabeth aufgeregt dazwischen.
»Dann kannst du sicher gleich einmal erzählen. Was meinst du? Weshalb passt es zu uns?«, ermunterte Danni Elisabeth.
»Also«, begann Elisabeth nun doch etwas stockend. »Na ja, ich meine, das Mädchen teilte ihre Sachen mit den anderen Leuten und gab ihnen einfach ihre Kleider. Gut ich würde mich nicht gerade ausziehen, um anderen was zu geben. Aber ich würde versuchen ihnen neue zu beschaffen. Zum Beispiel bei uns aus der Kleider-

kammer. Da kommen auch immer bedürftige Menschen hin, die nicht so reich sind und bekommen neue oder getragene Kleider. Weil wir für Bedürftige und Arme sammeln, spenden uns auch manche Menschen Geld. Dafür können wir dann auch Nahrung und andere Sachen kaufen. Daher meine ich, das ist so ähnlich wie die Sterntaler, die auf das Mädchen herunter regnen. Außerdem sagt meine Oma immer so einen Spruch auf, der geht so ähnlich wie
>Alles was wir Gutes tun im Leben bekommen wir eines Tages zurück<». Elisabeth strahlt vor Stolz, als sie ausgeredet hat.
»Das hast du aber schön erzählt Elisabeth. Ja ich meine so kann man die Geschichte verstehen.« Danni war wie alle anderen Kinder mit der Ausführung zufrieden.

»So Freunde«, Hallifax stieß bei diesen Worten einen tiefen Seufzer aus. »Ich muss mich leider langsam von euch verabschieden. Mein Weg nach Saga ist noch sehr weit. Ich werde jetzt zu meinem Raumschiff fliegen und bitte euch, dass ihr euch draußen versammelt, dann kann ich euch allen noch einmal zublinken, während ich über euch hinweg schwebe. Ich habe mich sehr gefreut, dass ich euch kennenlernen durfte und werde immer an euch denken. Außerdem bin ich stolz, dass ich jetzt Mitglied beim Jugendrotkreuz bin.«
Hallifax geht von einem Kind zum anderen und umarmt jedes liebevoll. Jeder streichelt ihn noch schnell einmal mit Tränen in den Augen. Zum Schluss stürzt sich Fridolin in Hallifax seine Arme und schluchzt ganz laut. Er kann es immer noch nicht begreifen, dass er seinen Freund schon wieder verliert. »Komm Fridolin, mach mir

den Abschied nicht so schwer. Ich weiß, dass ich Fido sehr enttäusche, wenn ich mich jetzt nicht mehr bei ihm verabschiede. Aber ich werde auch bei euch über das Haus schweben und ihm in Gedanken tschüss sagen. Sei nicht so traurig. Ich verspreche euch, dass ich wieder komme. Irgendwann, dann können wir wieder etwas unternehmen und uns spannende Geschichten erzählen.« Hallifax nimmt die Rolle mit dem Geschenk an sich und bedankt sich bei Danni und den Kindern für die freundliche Aufnahme. Dann dreht er sich schnell im Raum und schwupps ist er verschwunden. Es geht so schnell, dass man meinen kann, es wäre alles nur ein Traum gewesen. Aber dann gehen sie gemeinsam vor das Haus und schauen wartend in den blauen Himmel. Plötzlich ist dieses Surren in der Luft, welches Fridolin schon kennt. Alle Augen richten sich in die Richtung aus der dieses Geräusch kommt und sehen das Raumschiff schon über sich. Hallifax grüßt noch einmal mit Blinkzeichen und verschwindet mit einem lauten Zischen über die hohen Berge.